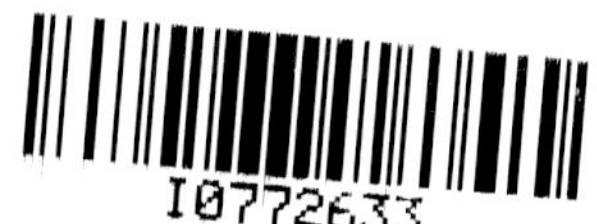

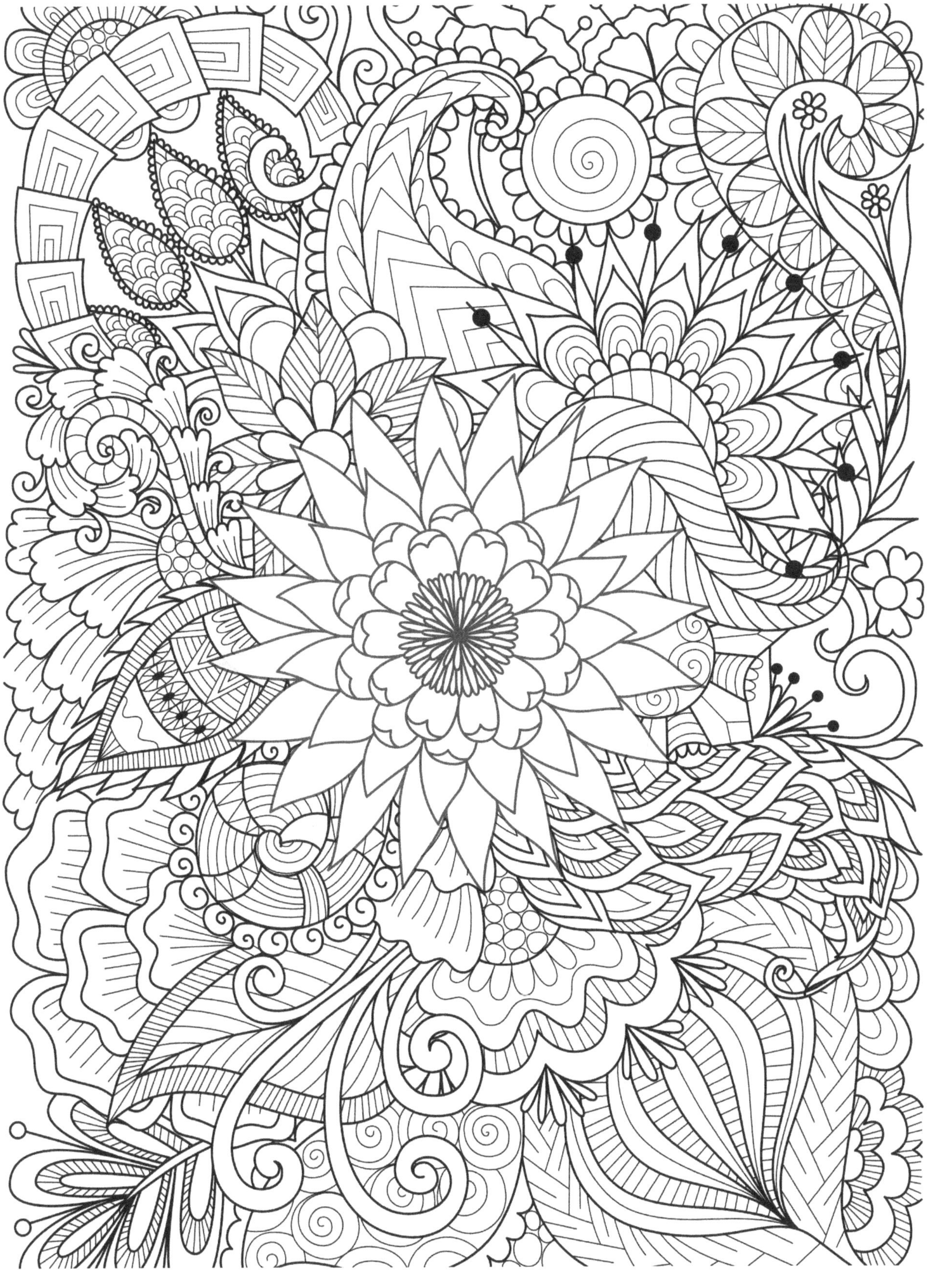

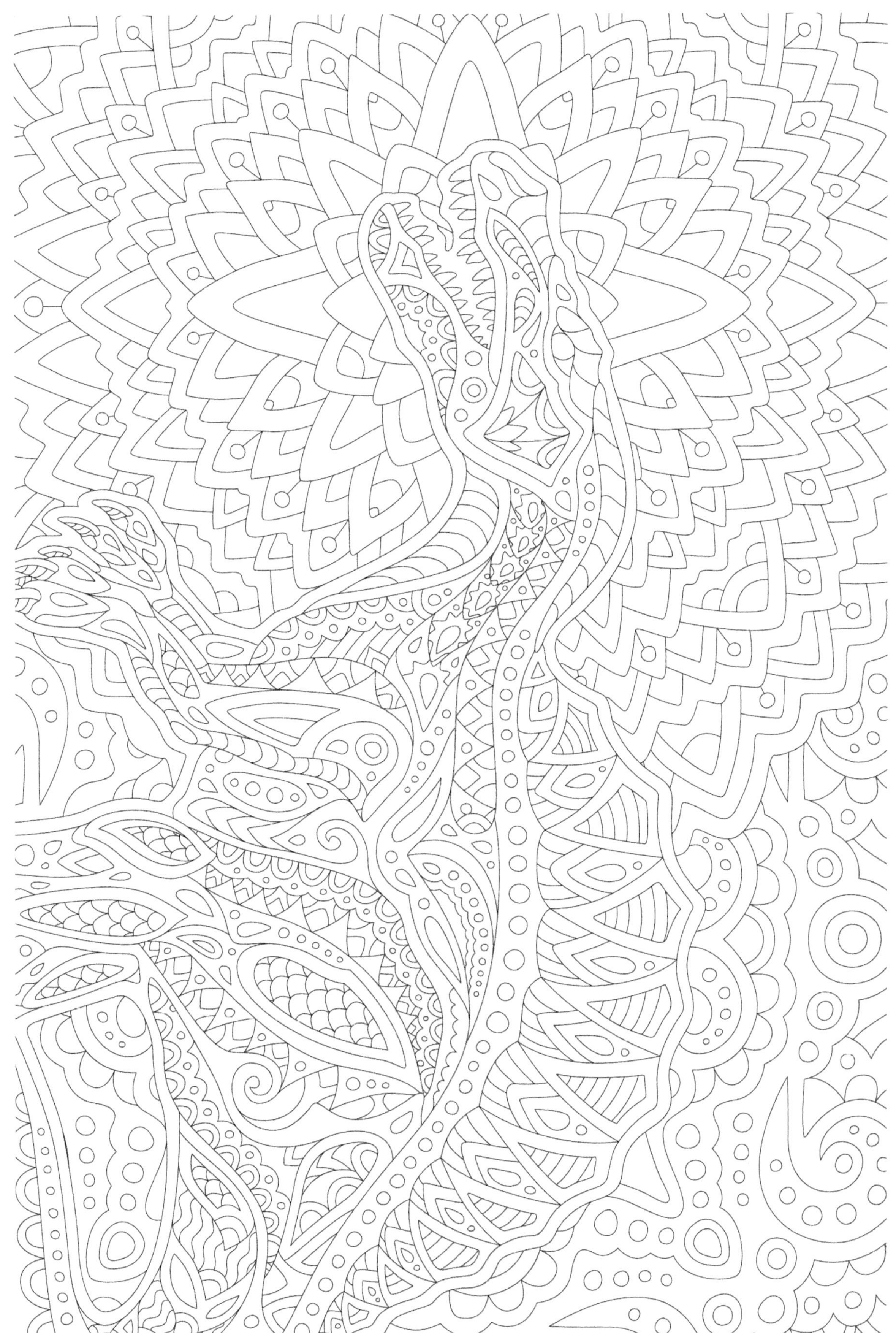

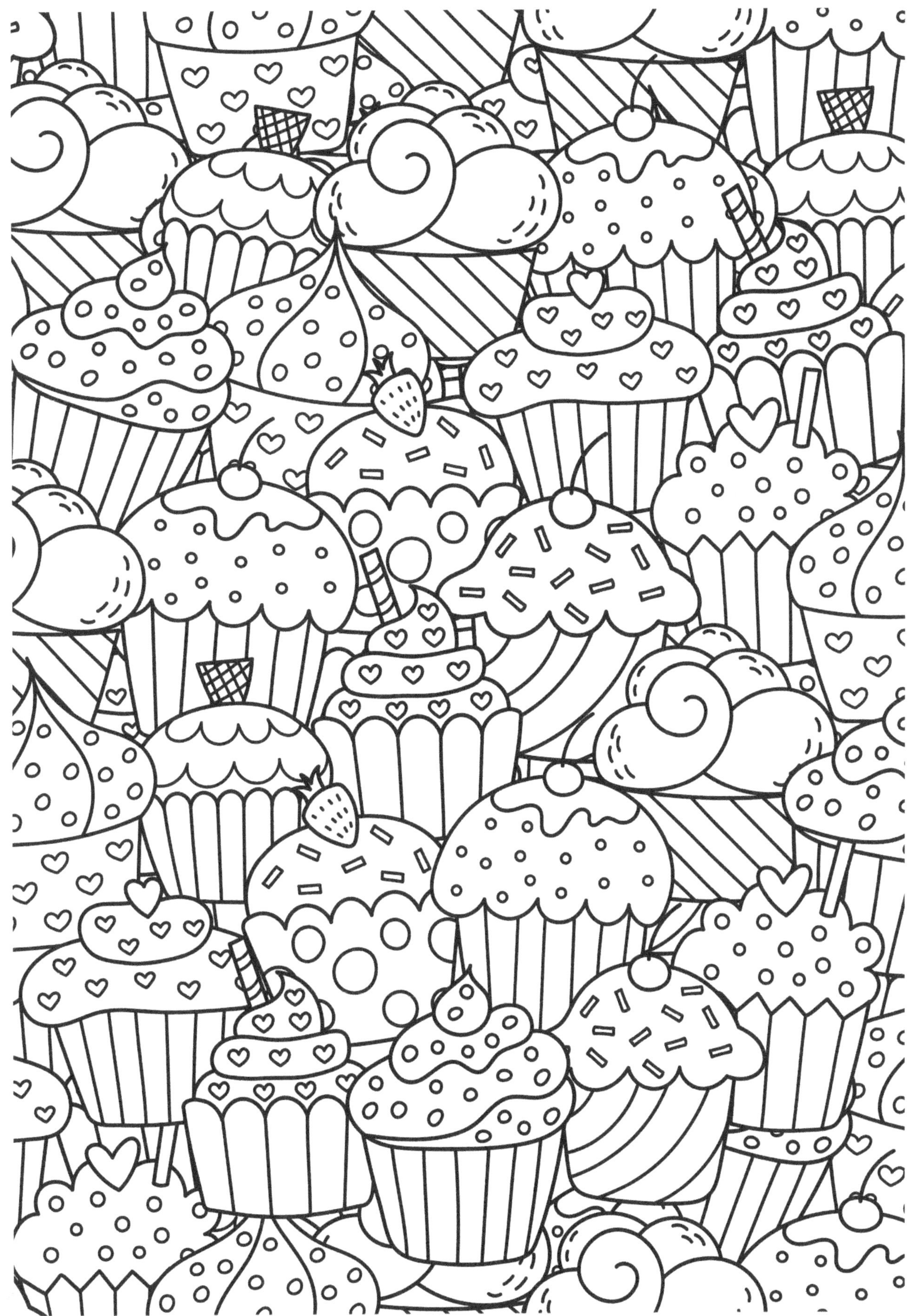

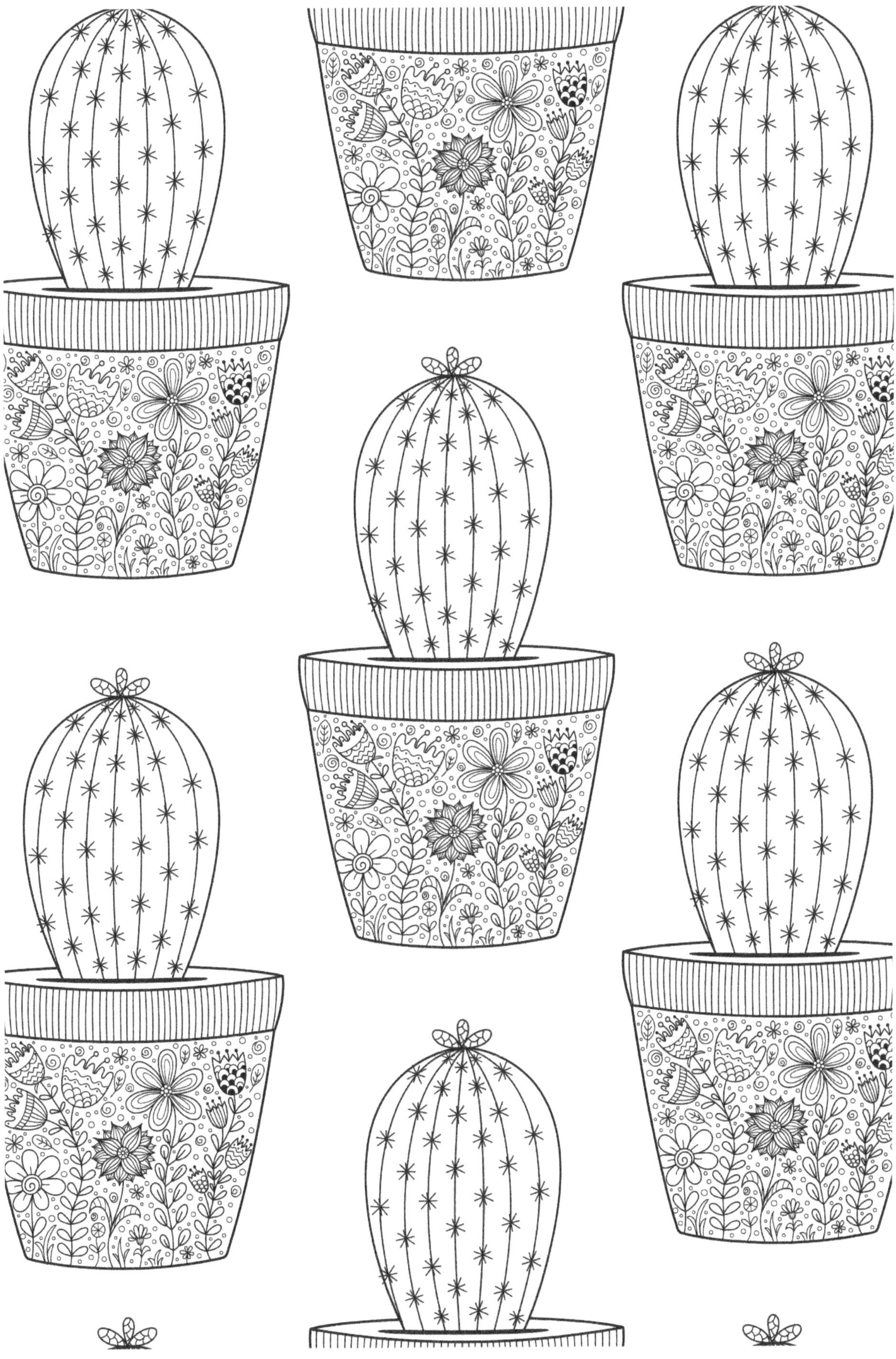

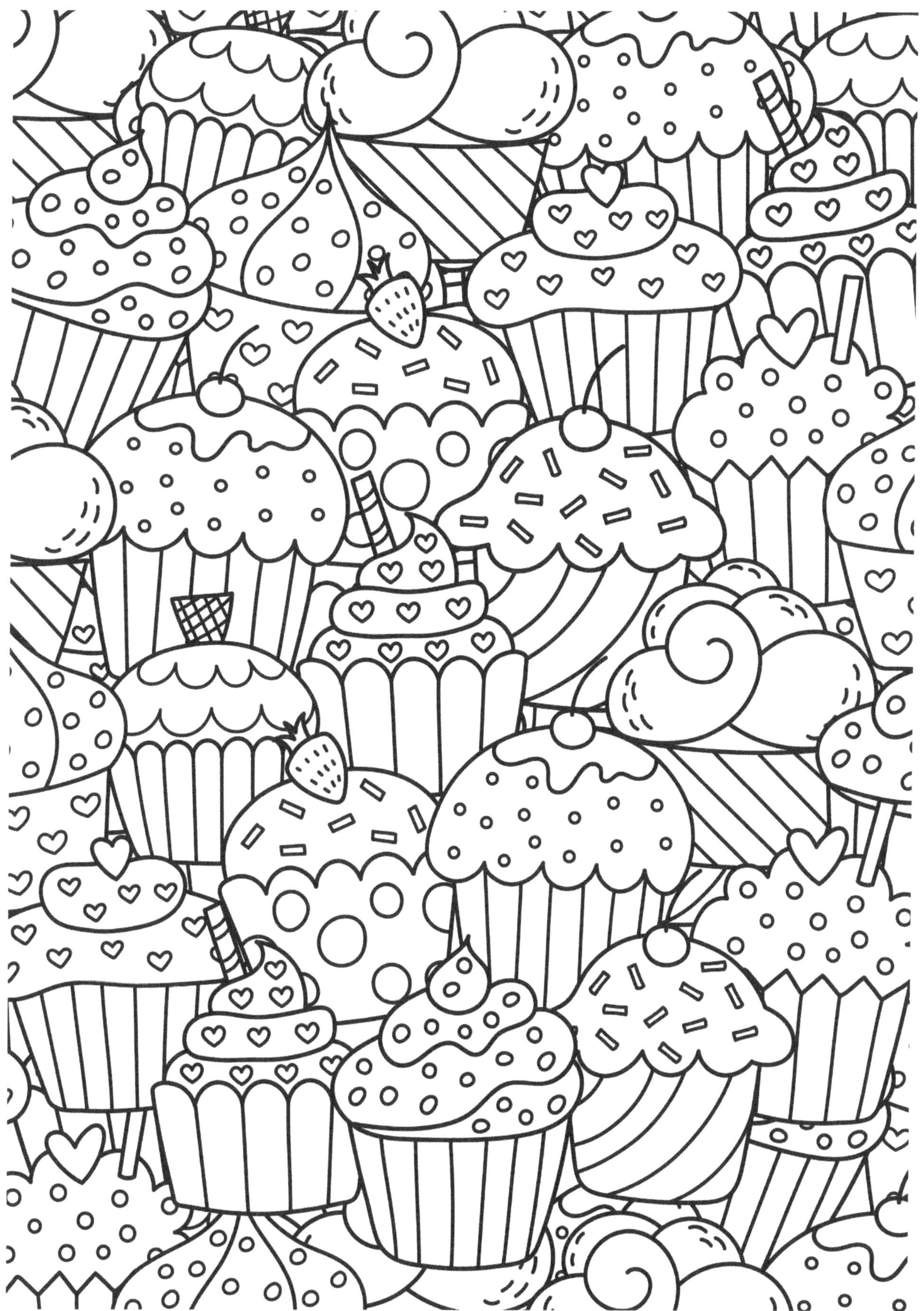

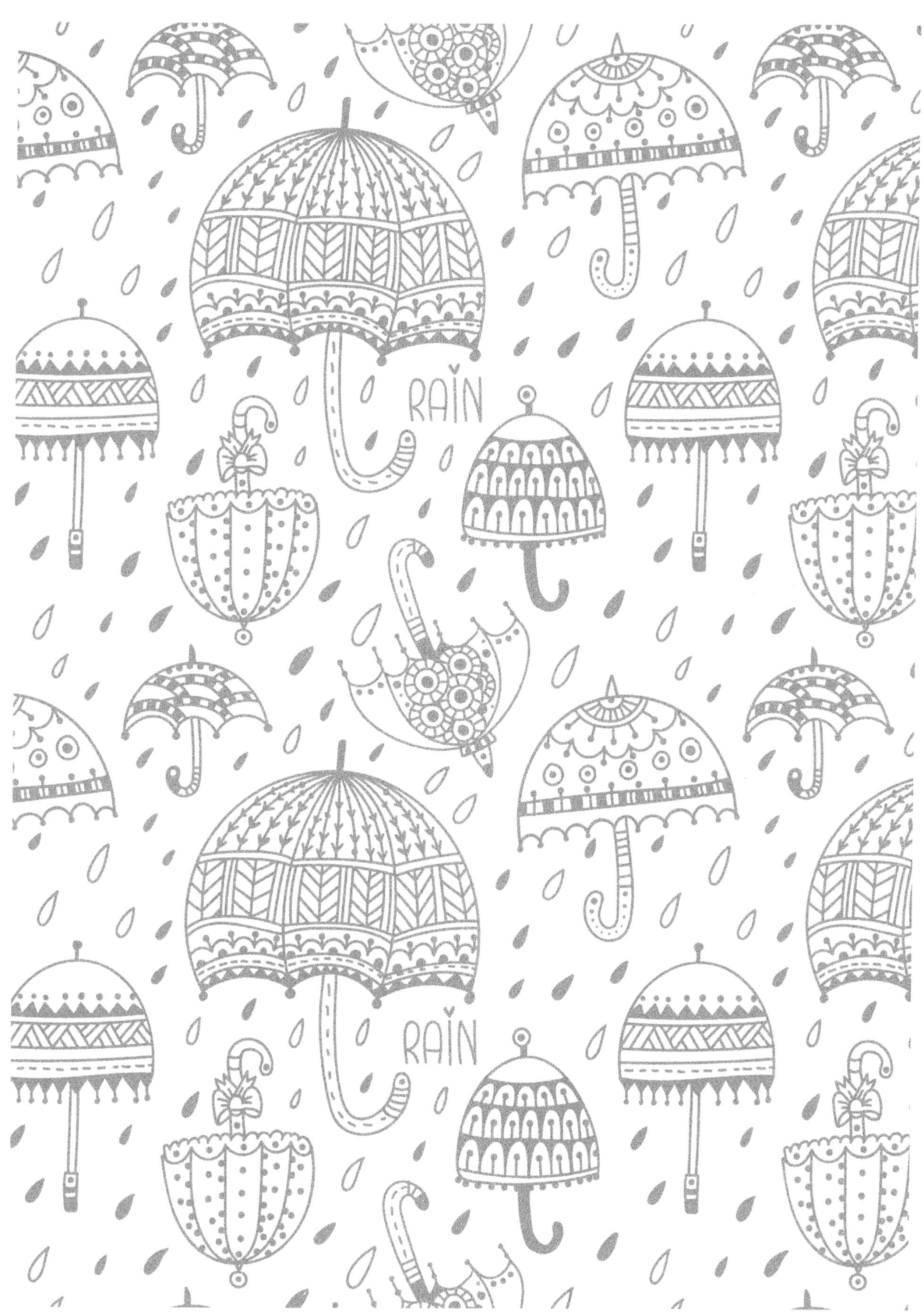
RAIN
RAIN

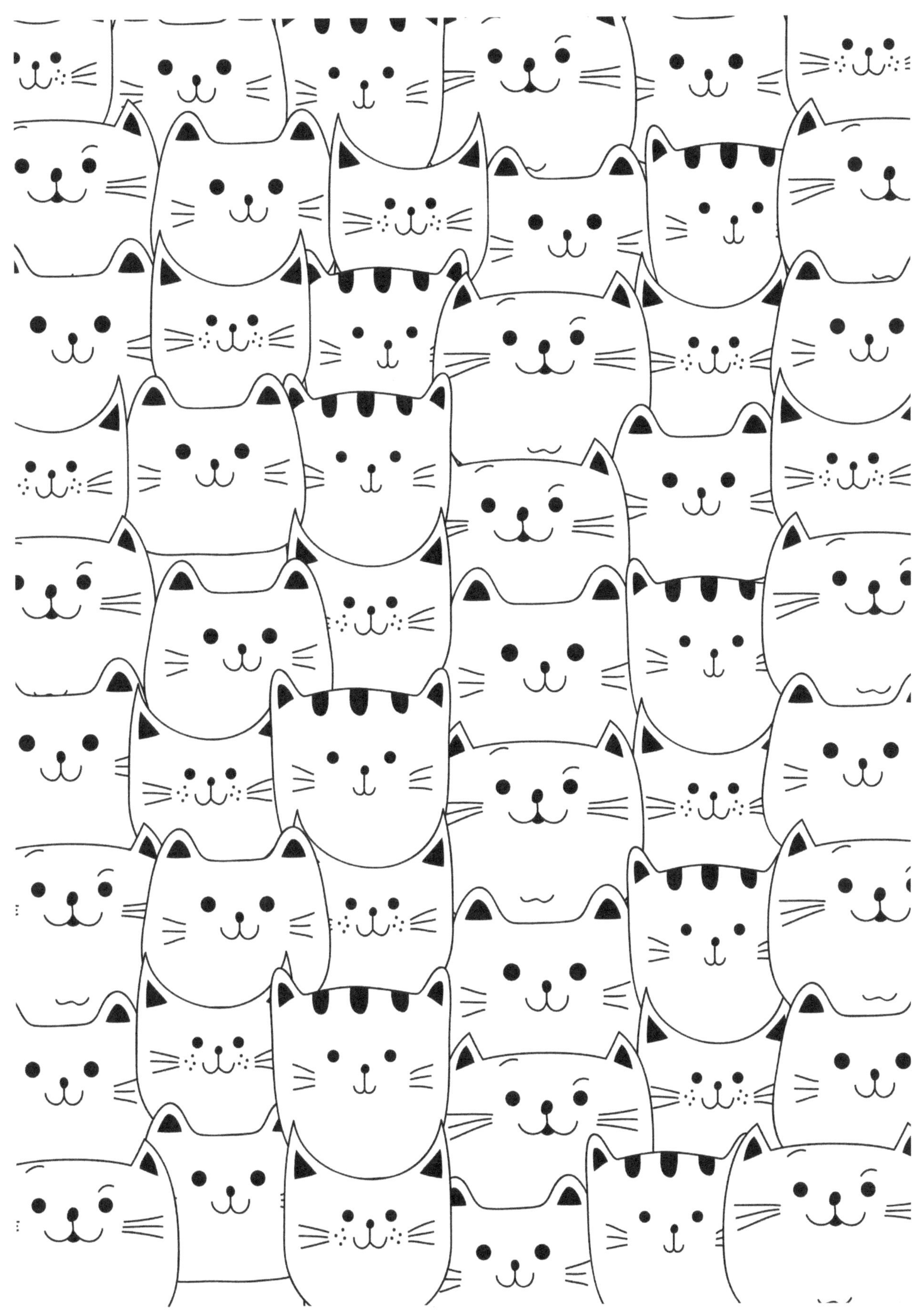

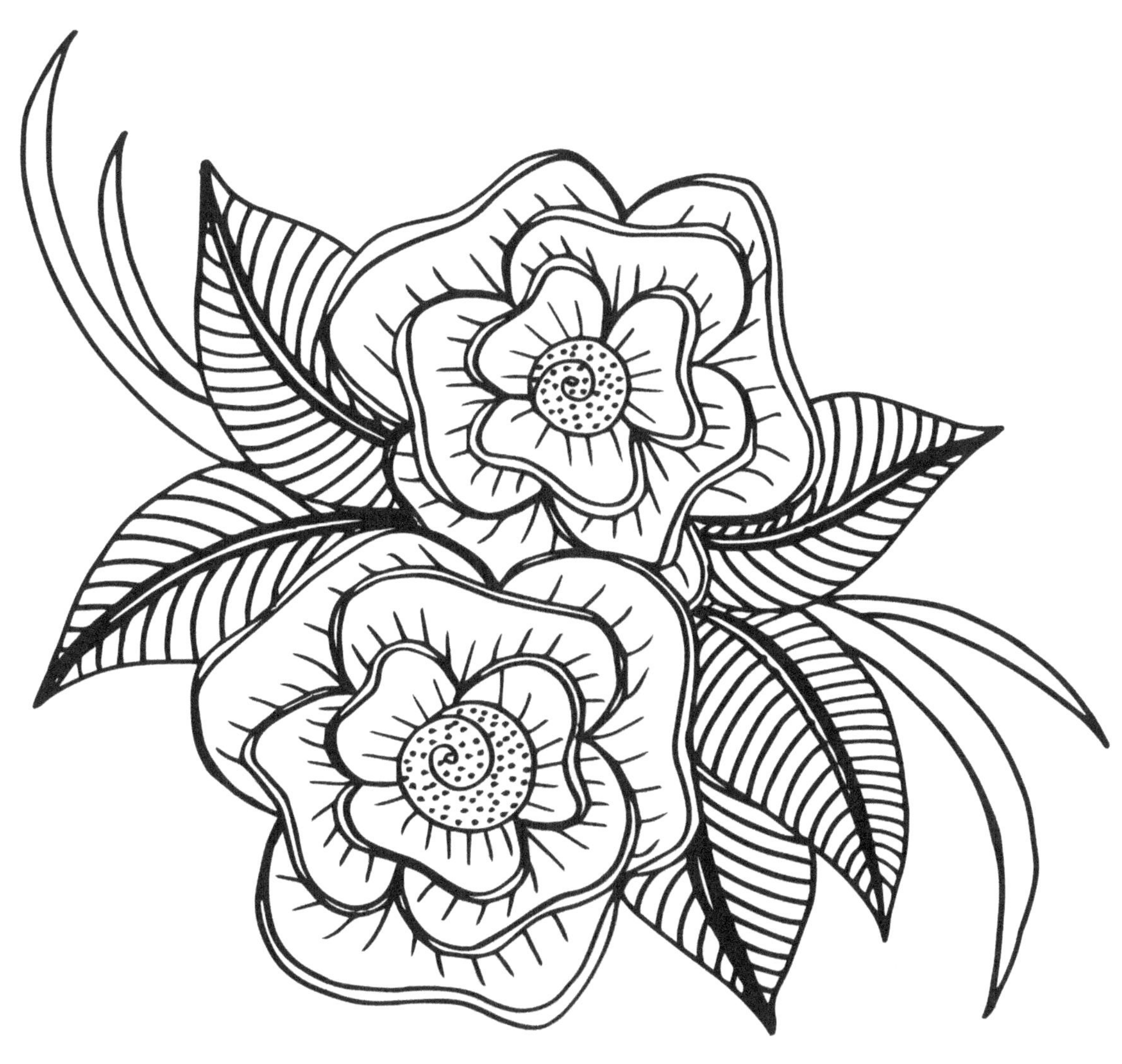

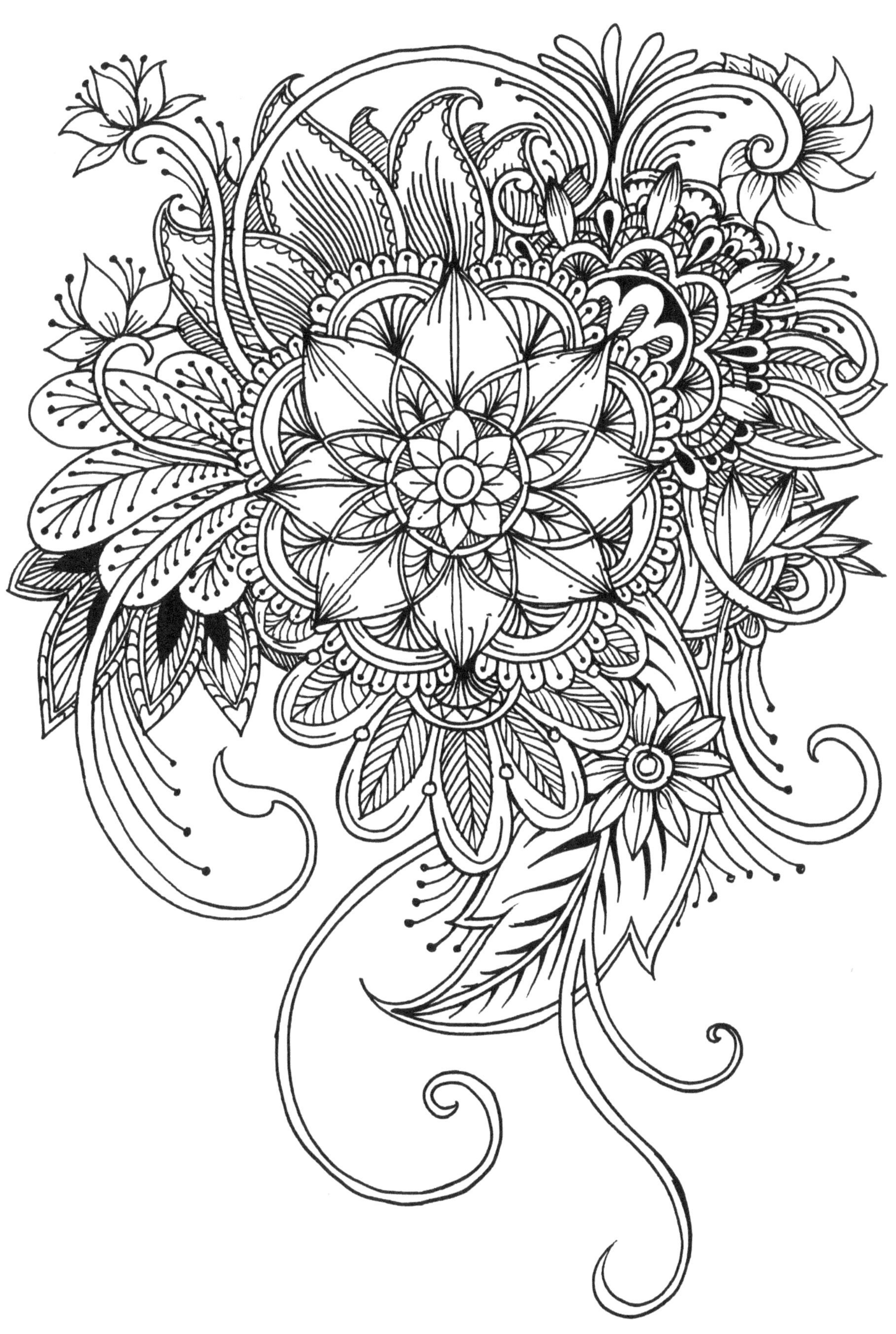

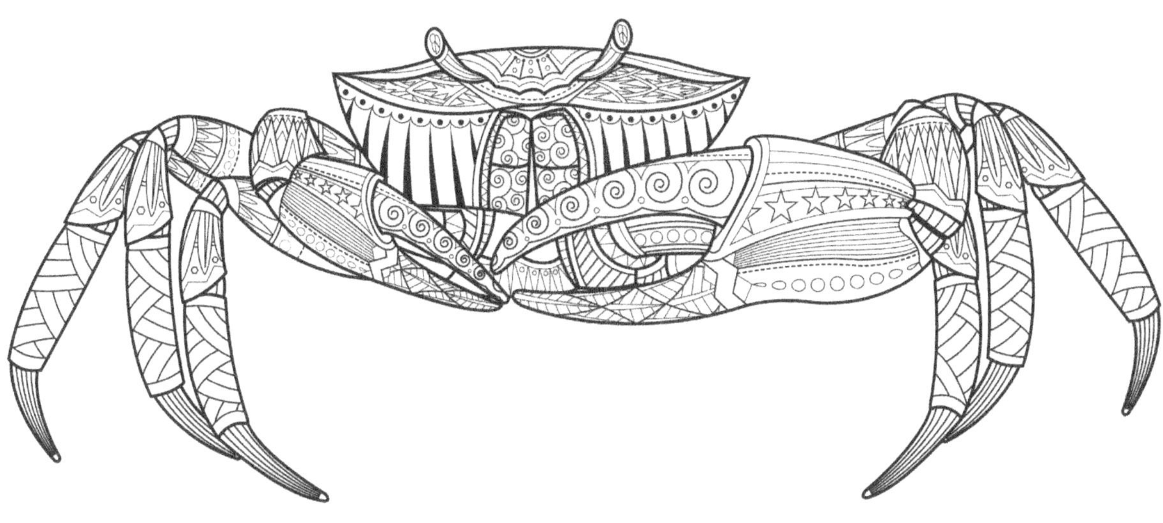

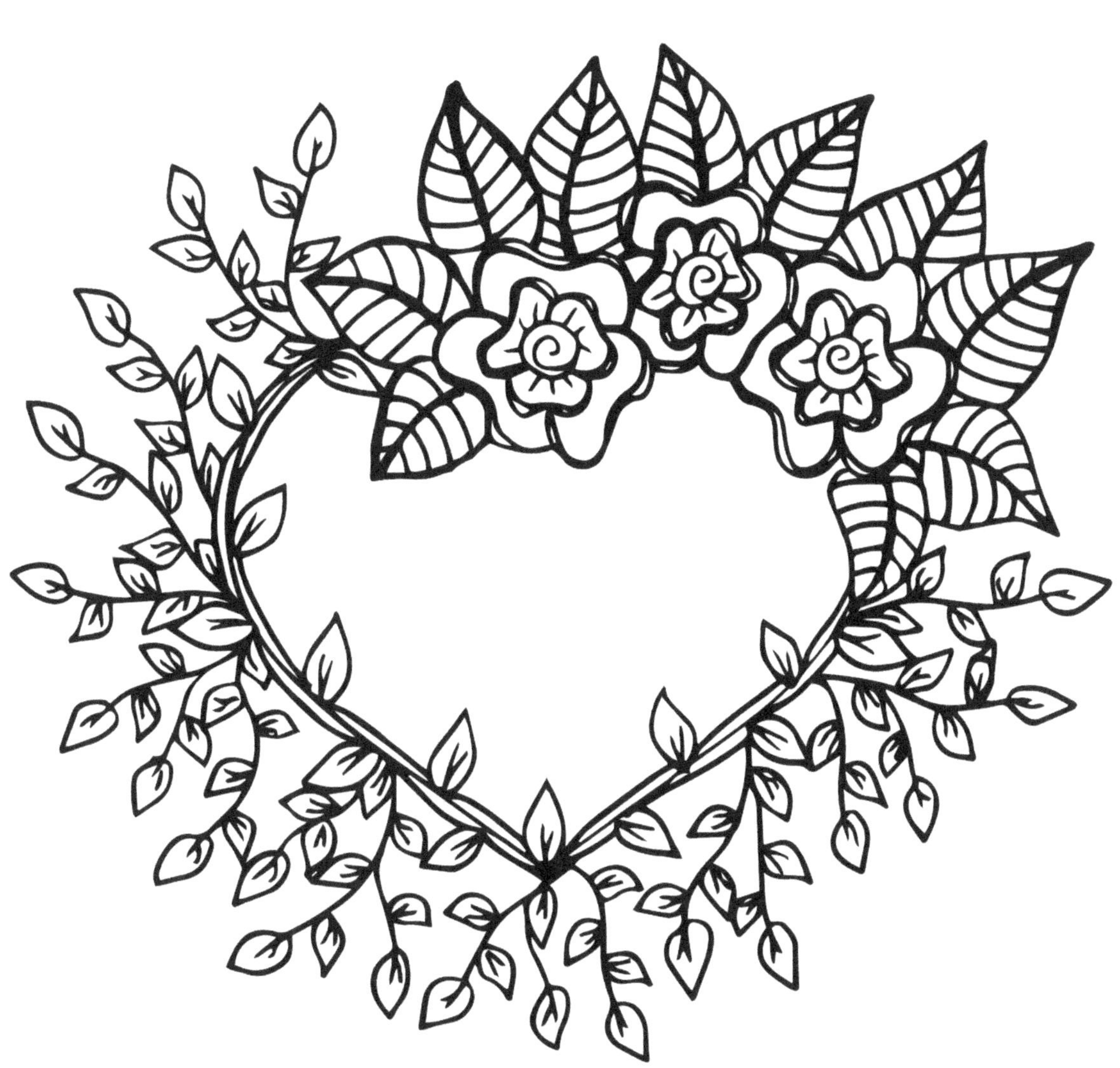

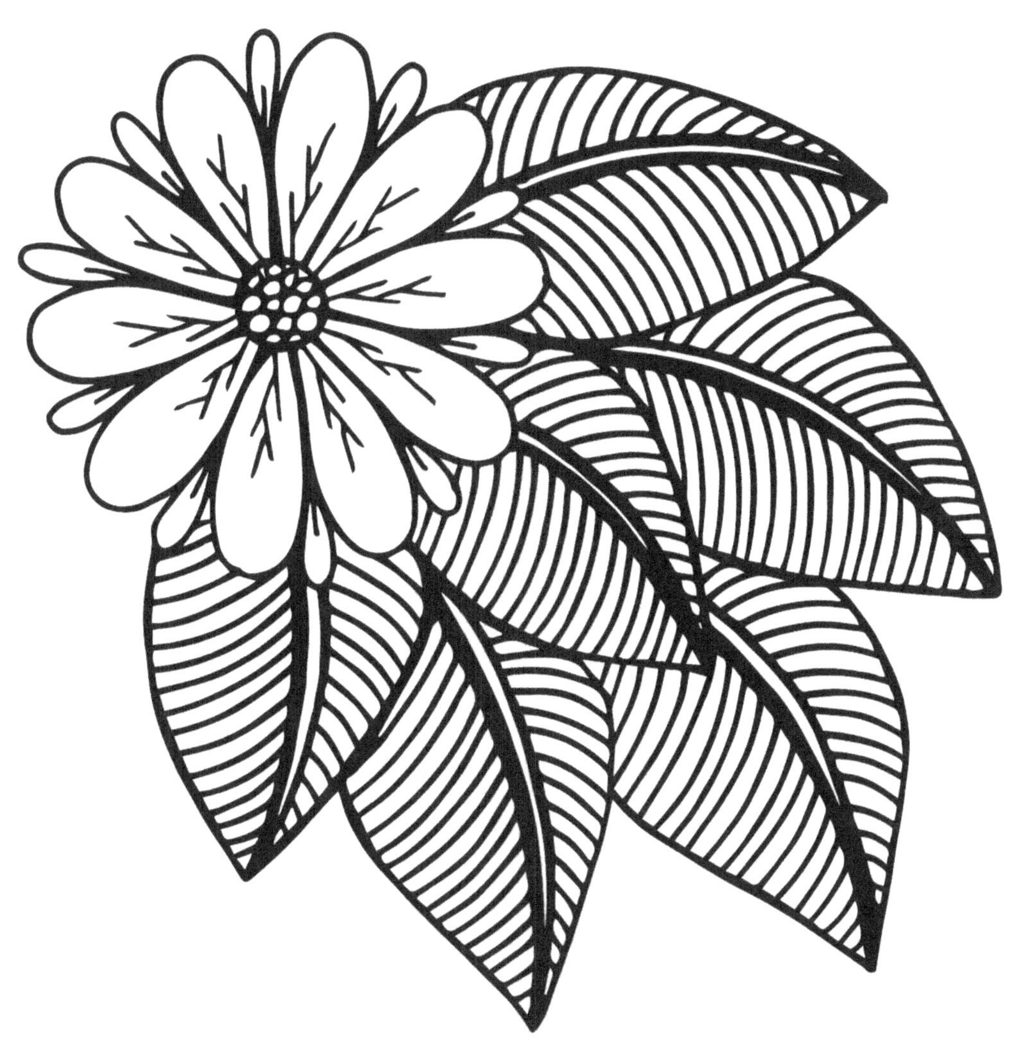

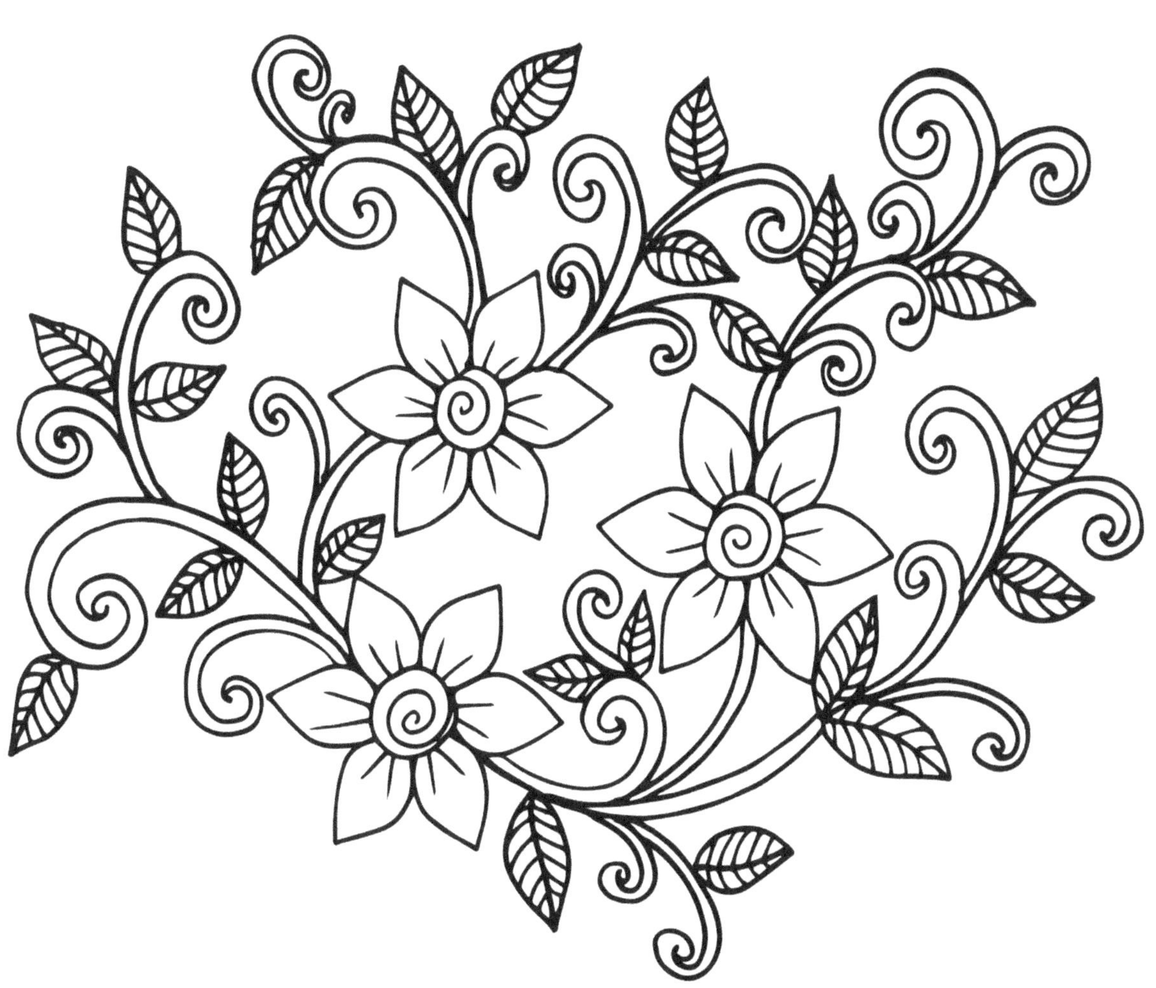

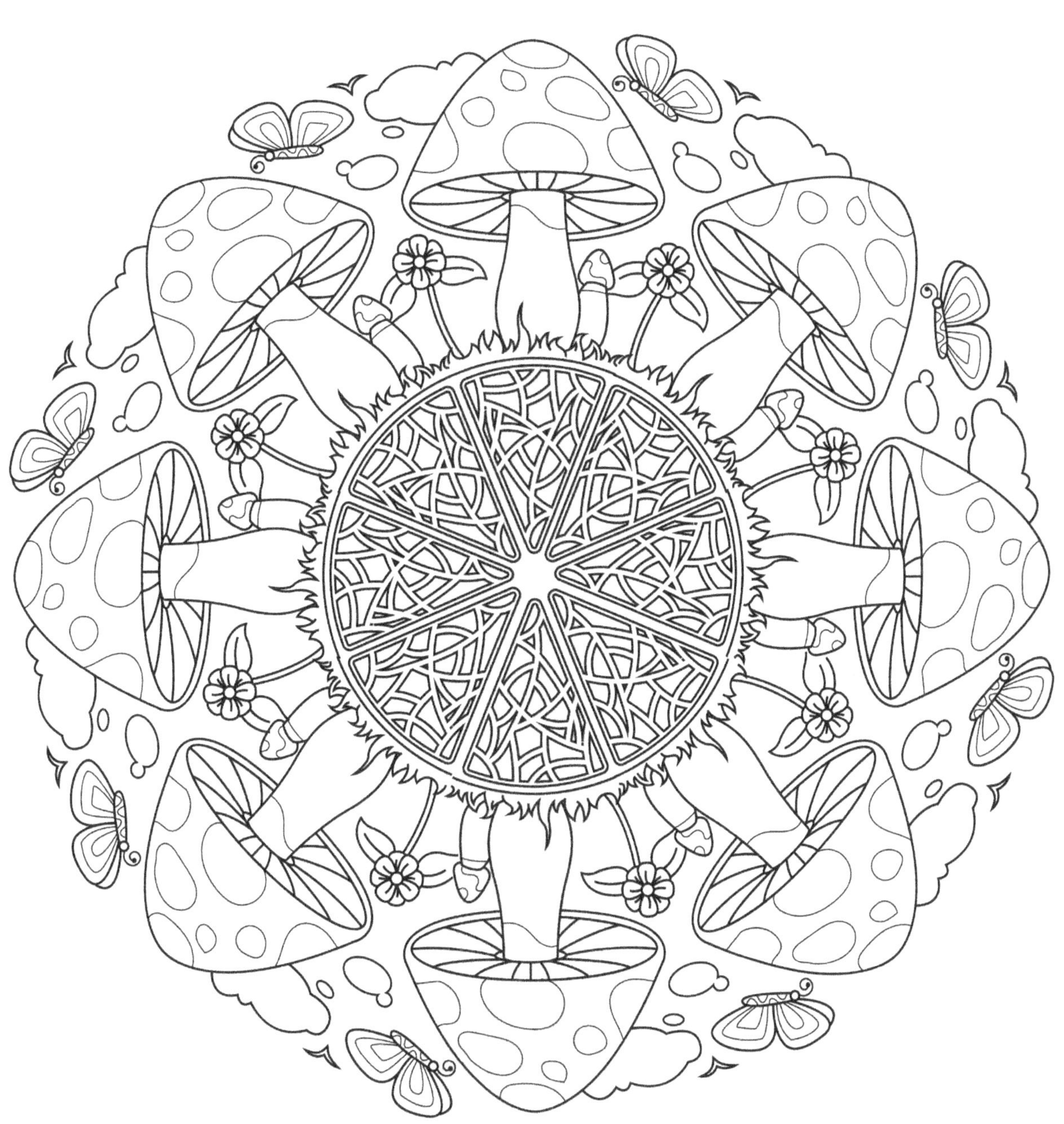

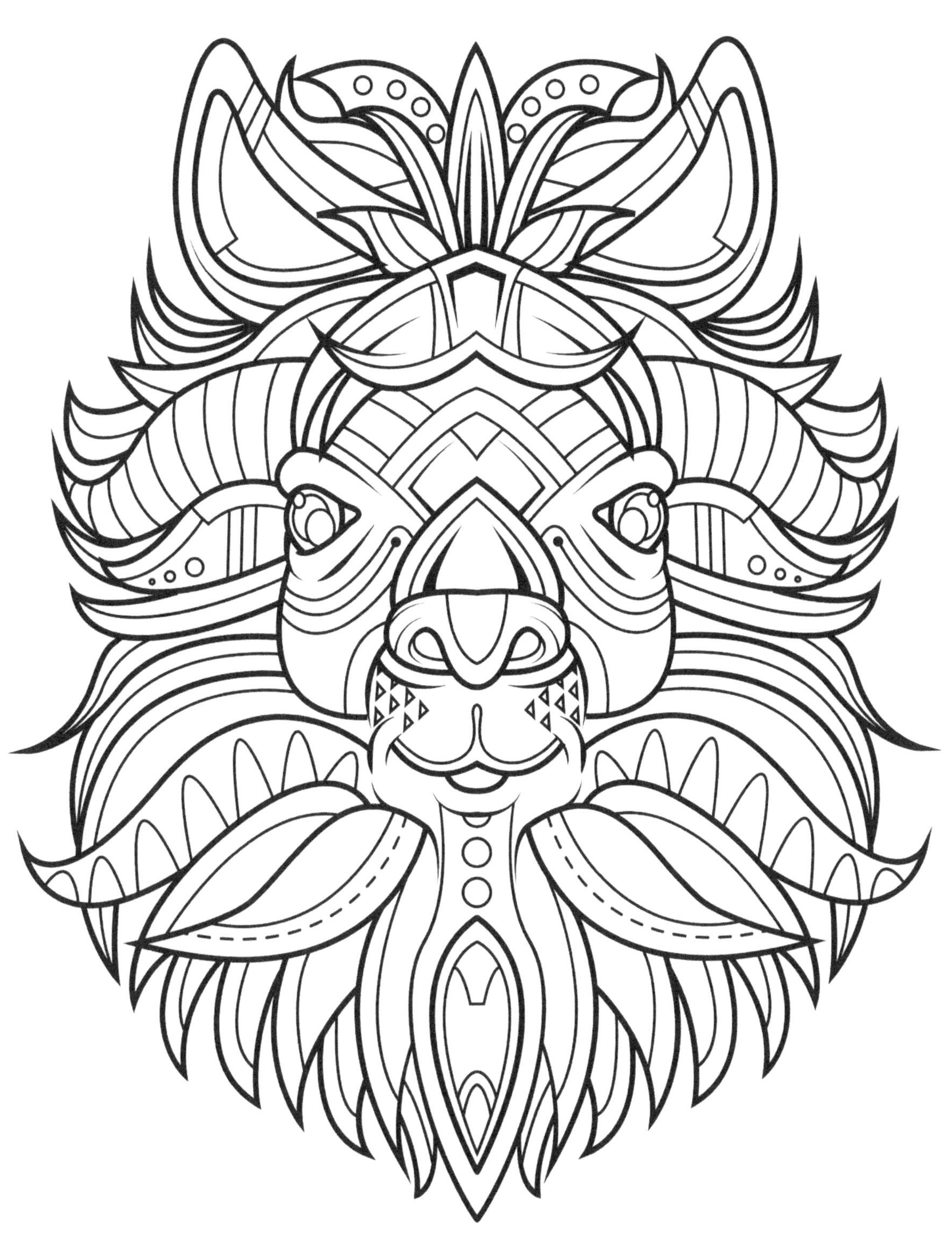

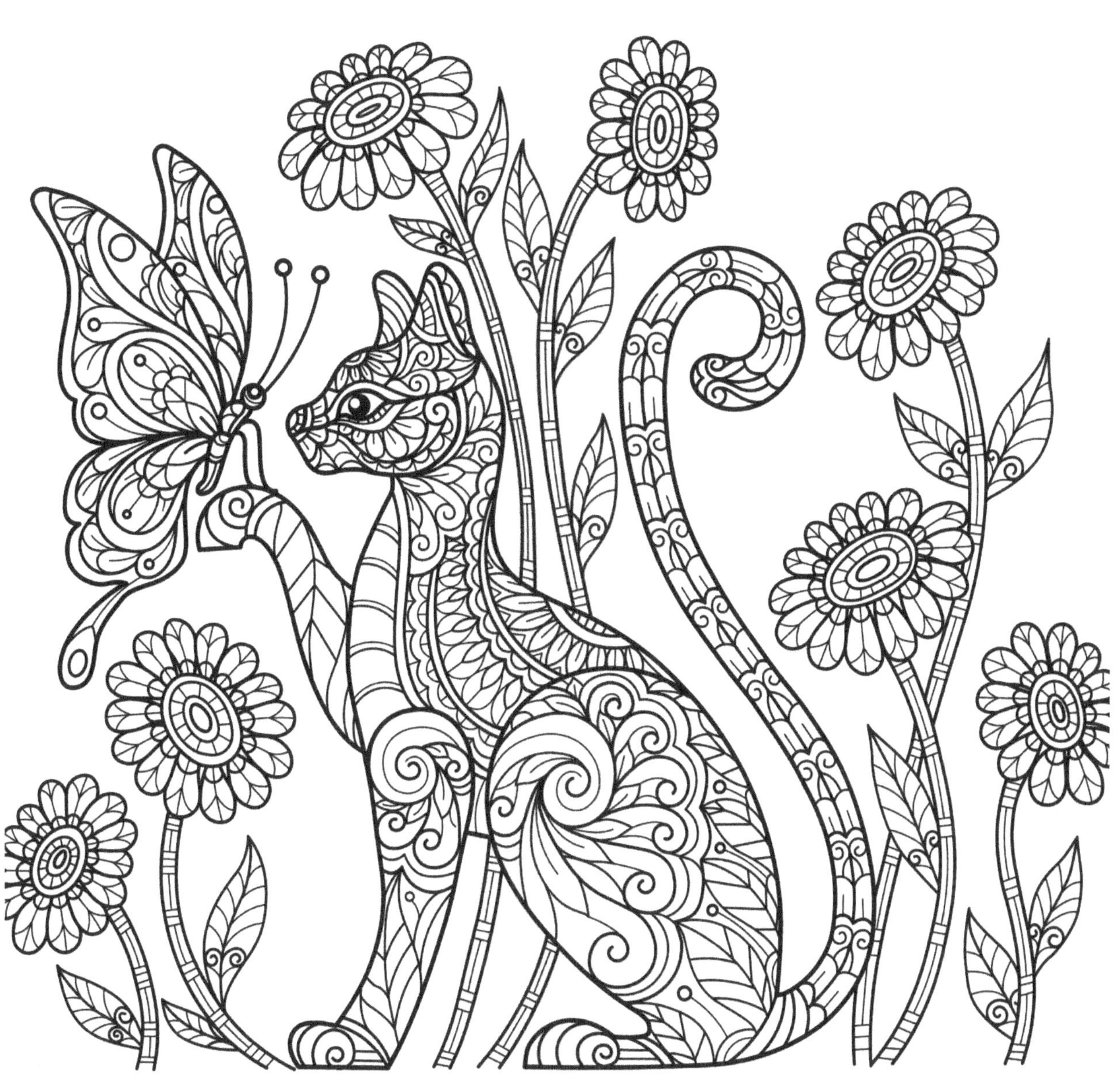

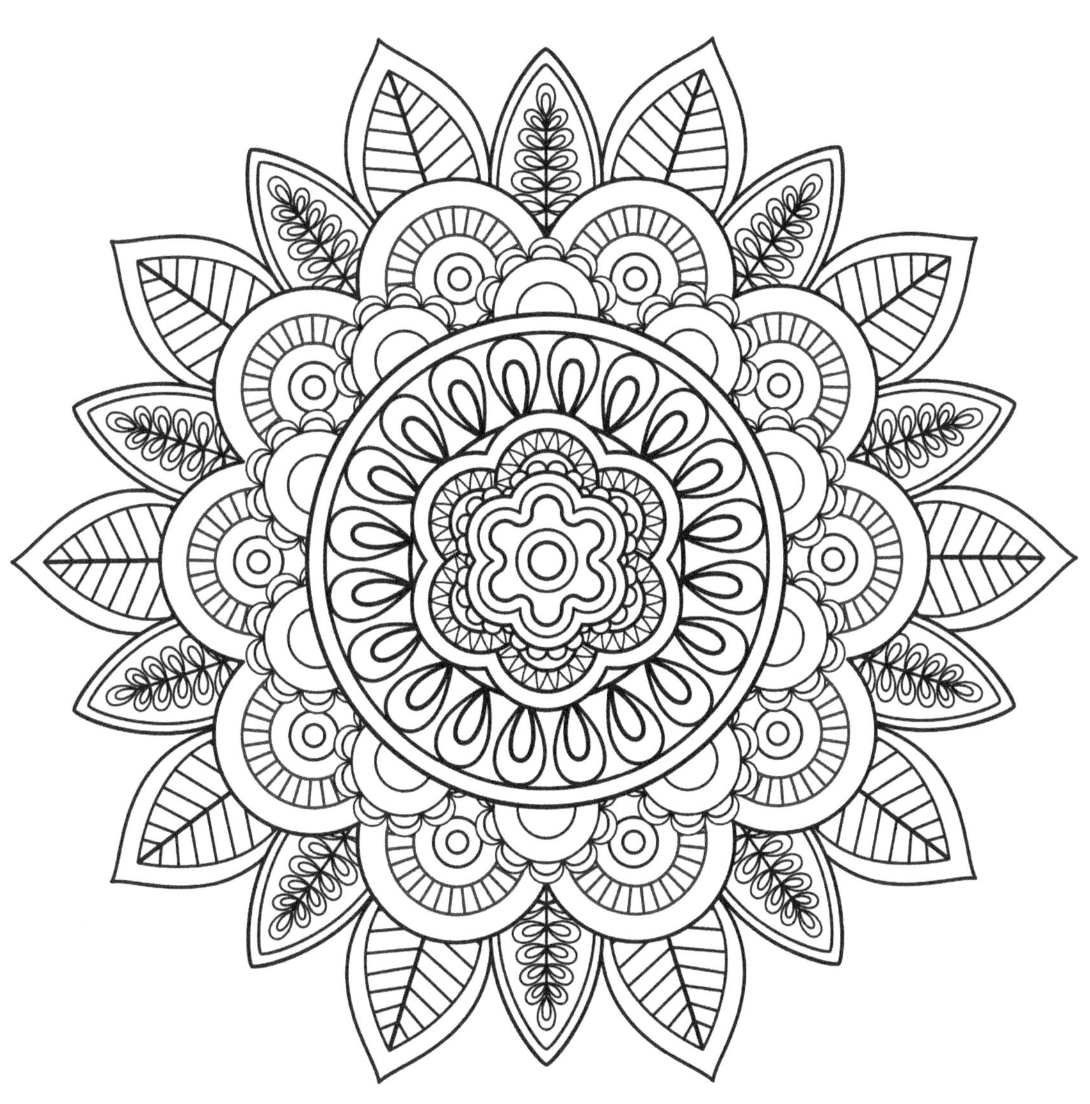

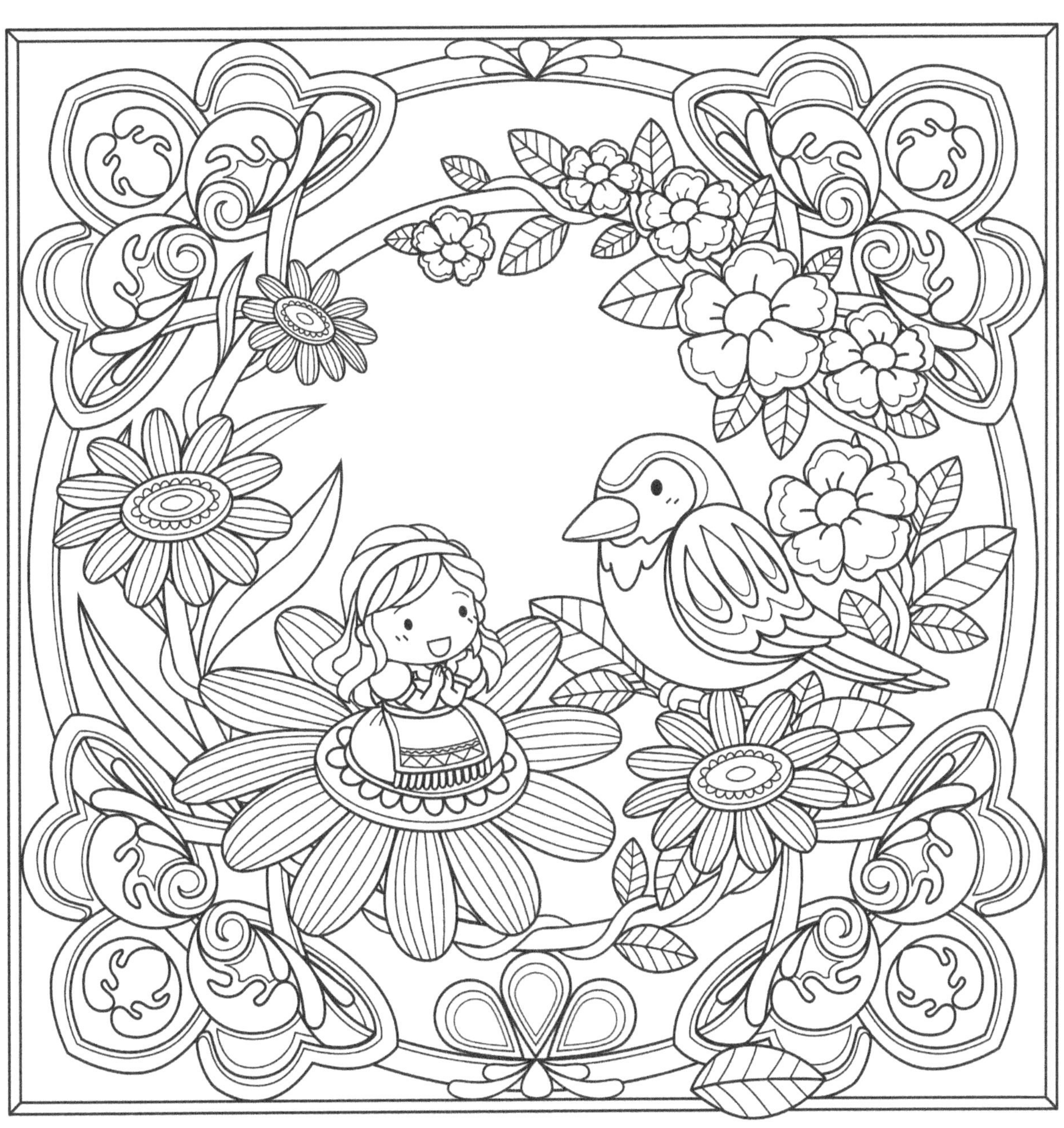

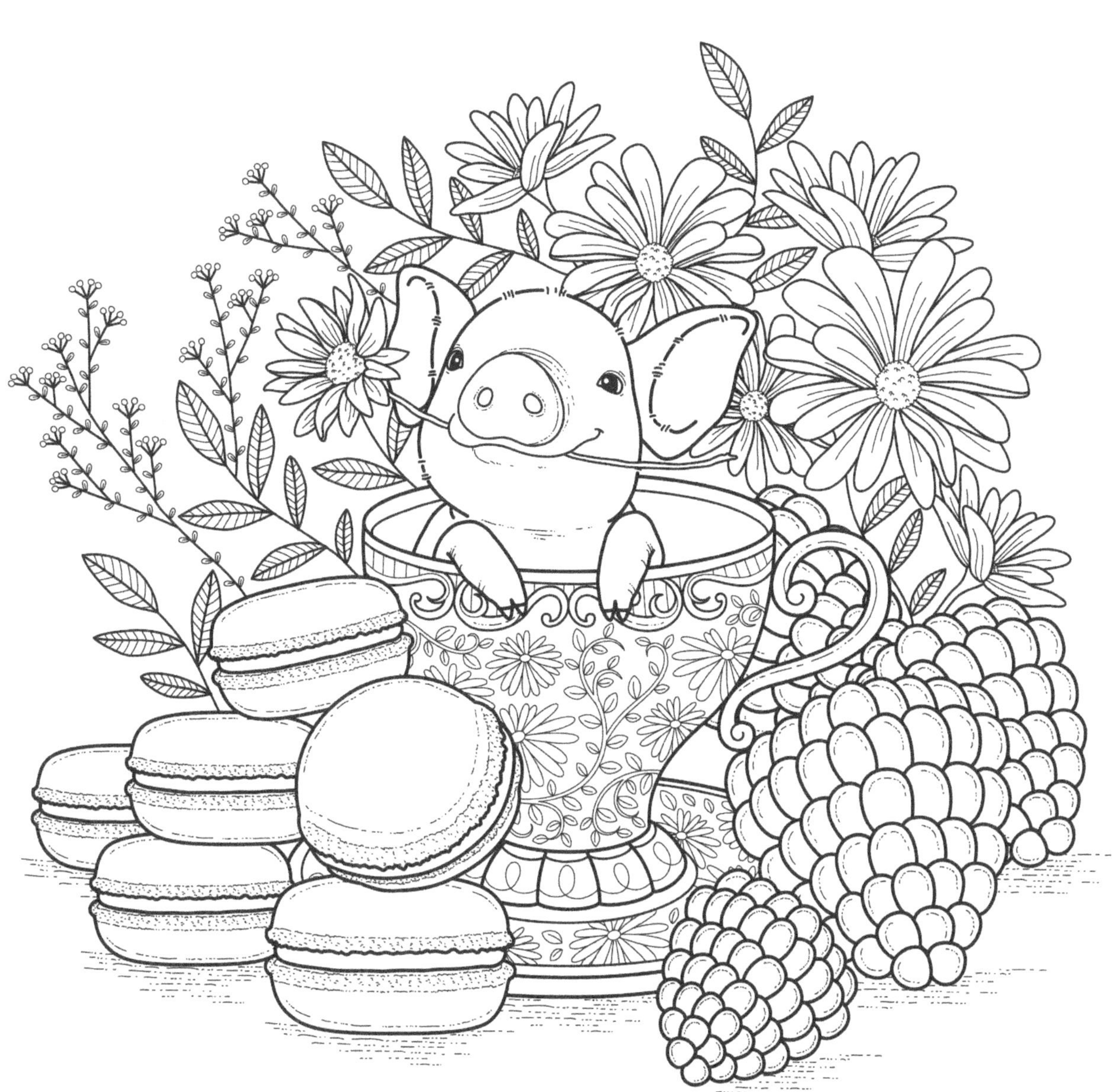

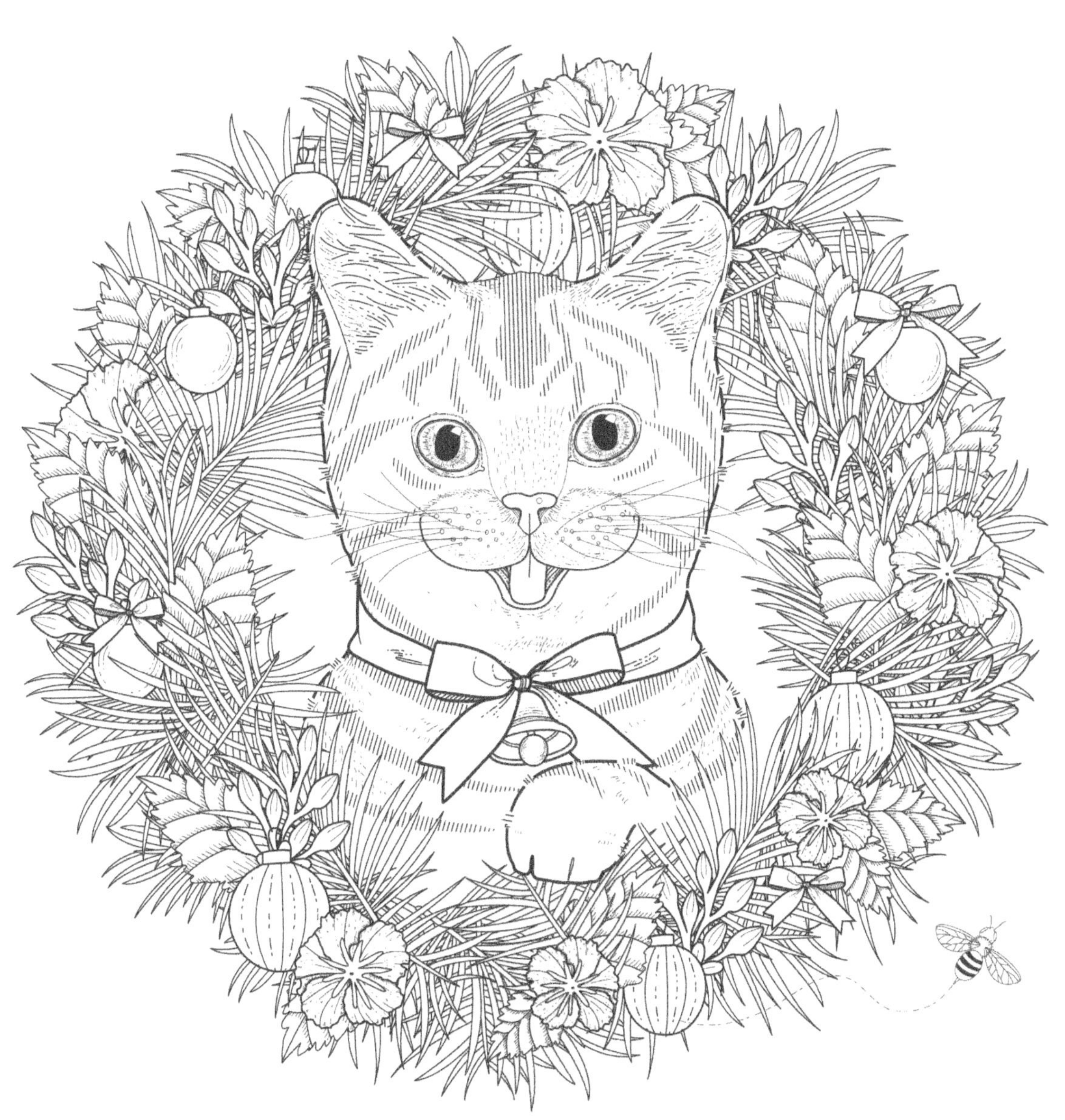

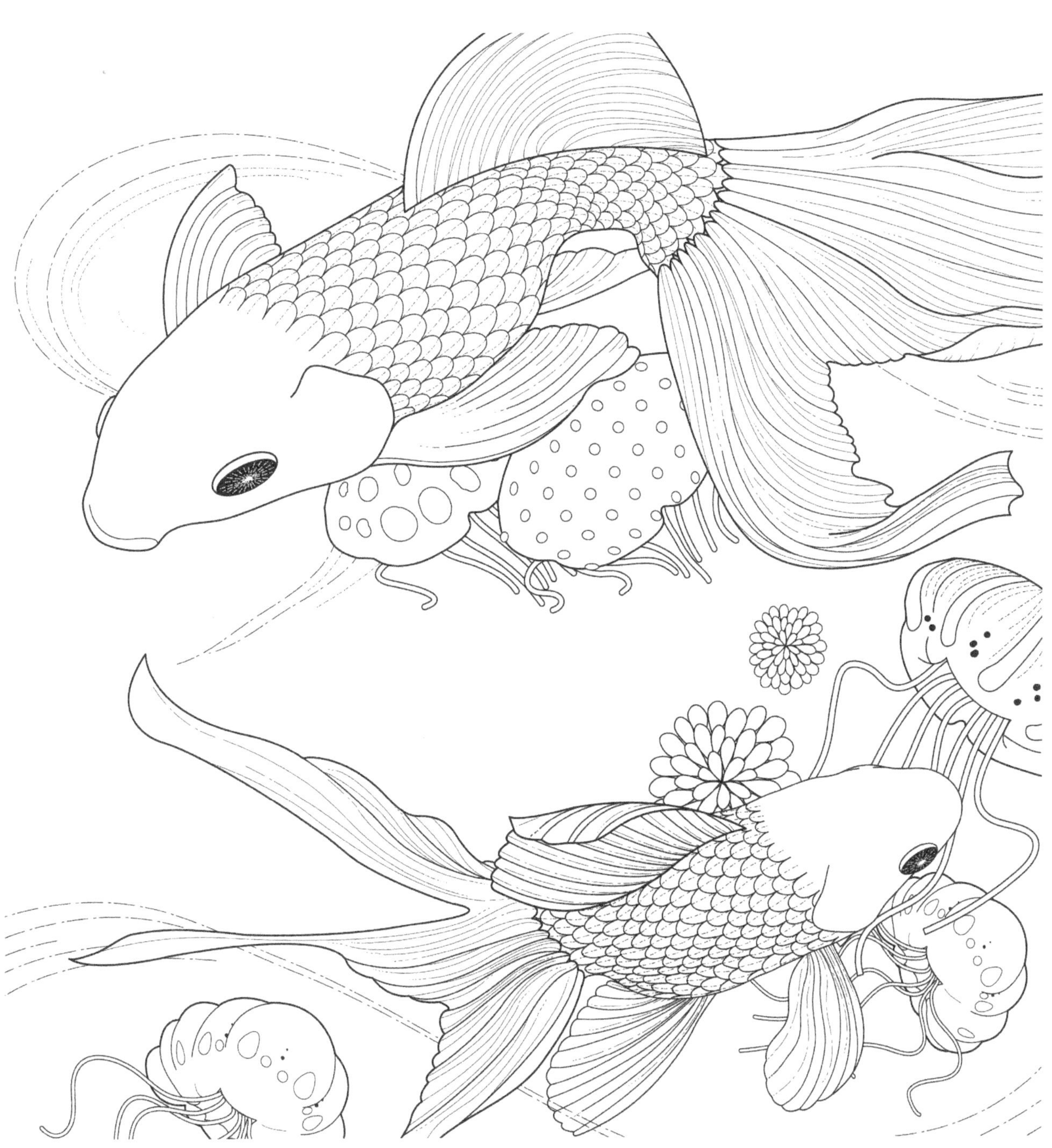

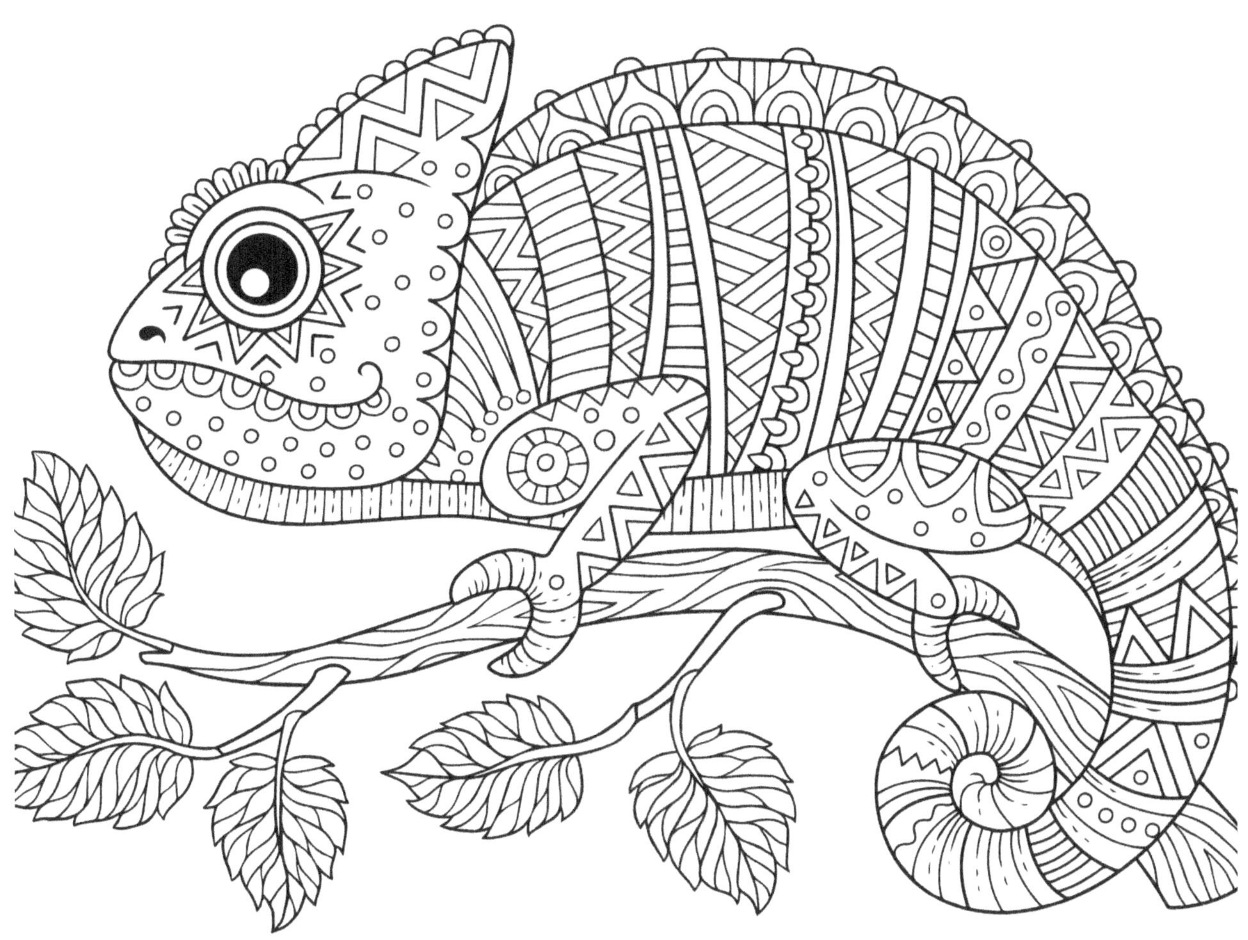

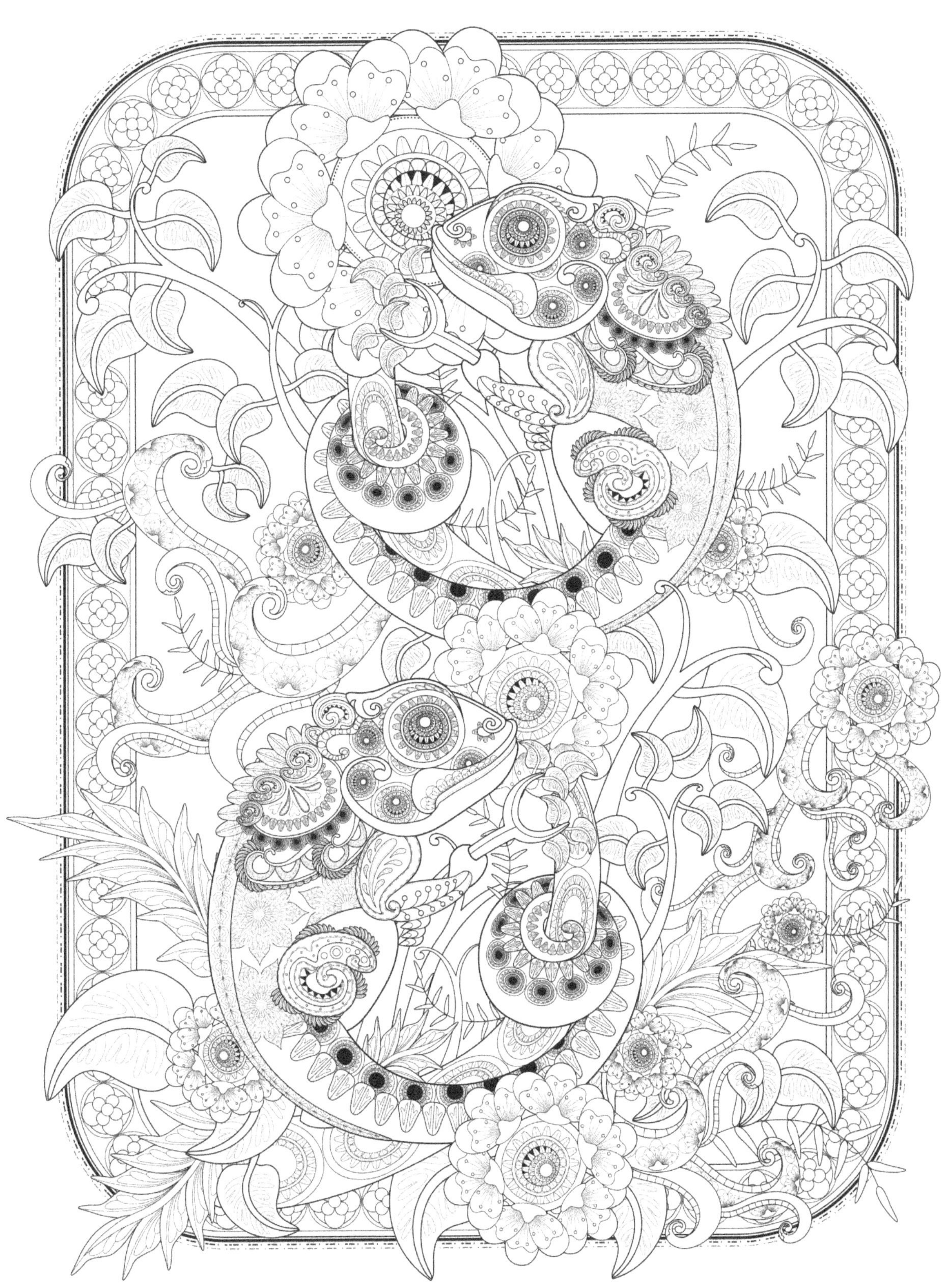

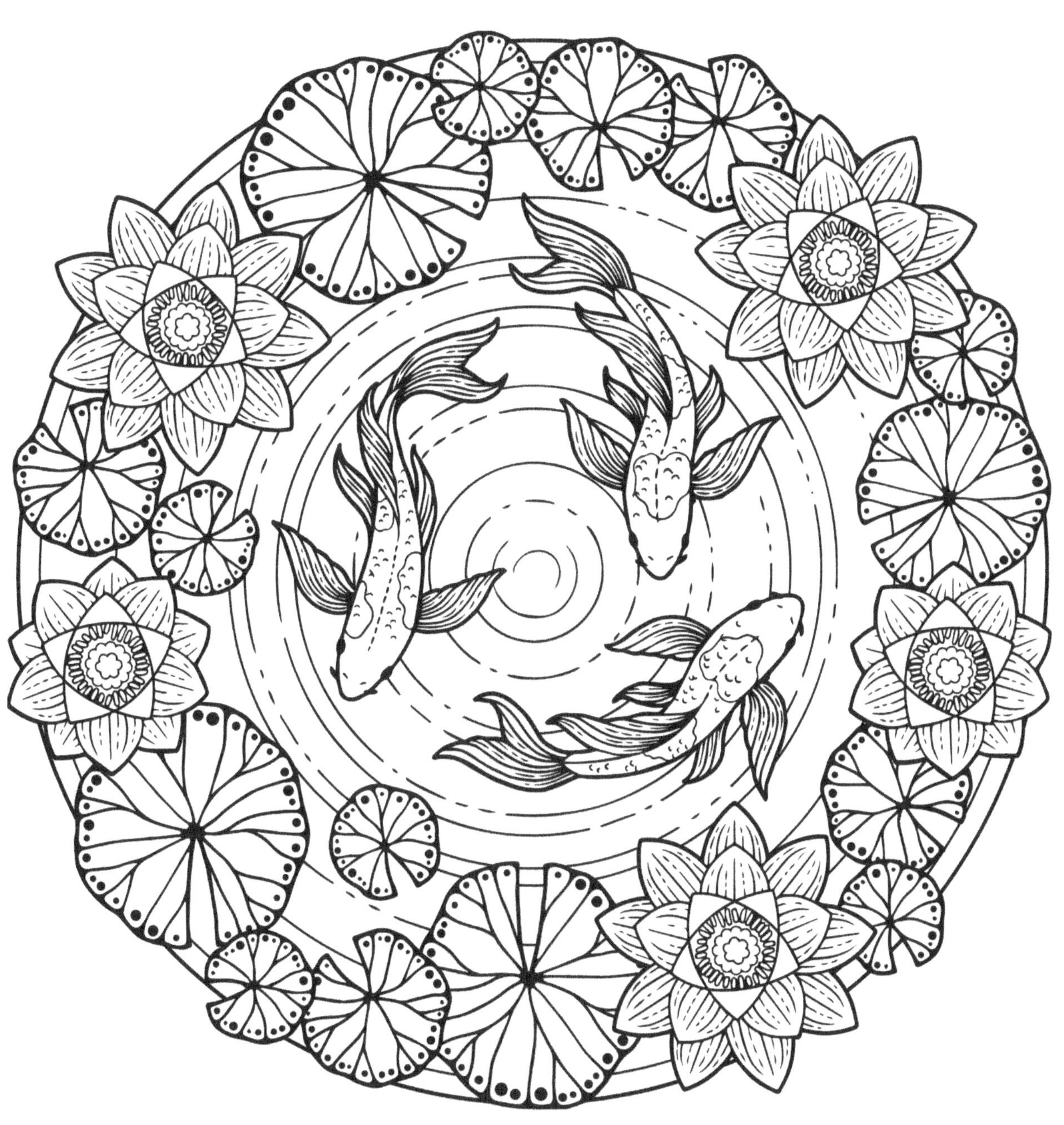

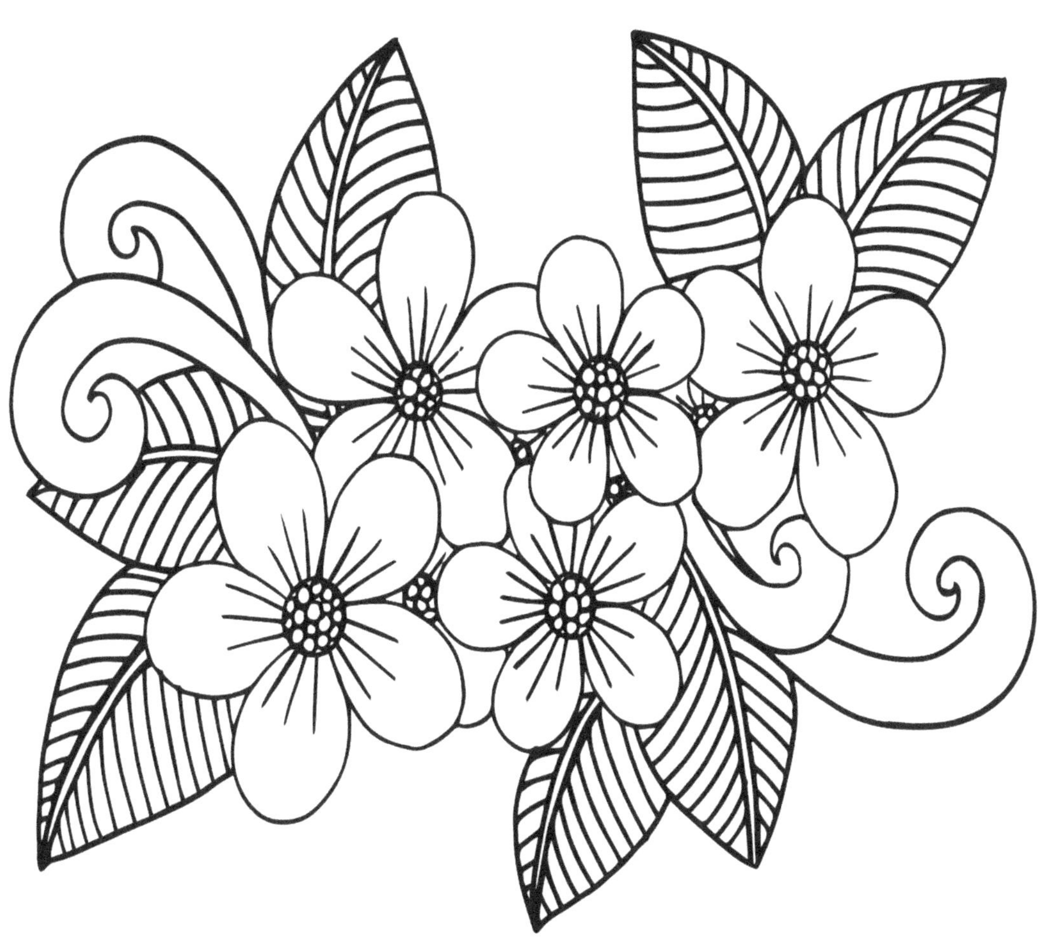

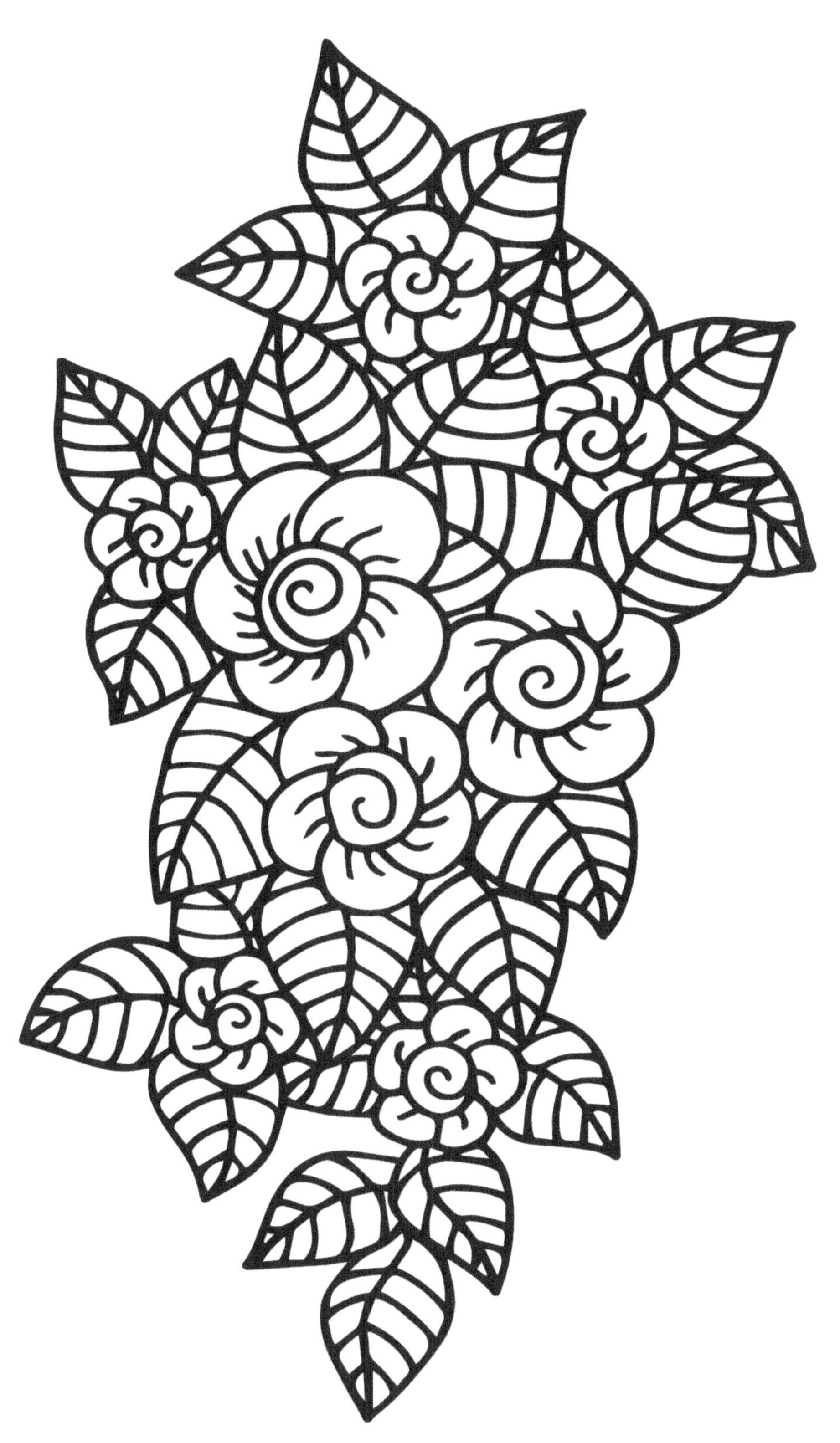